BEI GRIN MACHT SICH IHR WISSEN BEZAHLT

AF167165

- Wir veröffentlichen Ihre Hausarbeit,
  Bachelor- und Masterarbeit

- Ihr eigenes eBook und Buch -
  weltweit in allen wichtigen Shops

- Verdienen Sie an jedem Verkauf

Jetzt bei www.GRIN.com hochladen und kostenlos publizieren

Gruppendruck, Angst bezogene Störungsbilder und zwanghafte Persönlichkeitsstörungen. Wie kann eine Einstellungsänderung erfolgen?

Tashina Celine Nemec

Bibliografische Information der Deutschen Nationalbibliothek:

Die Deutsche Nationalbibliothek verzeichnet diese Publikation in der Deutschen Nationalbibliografie; detaillierte bibliografische Daten sind im Internet über http://dnb.d-nb.de abrufbar.

ISBN: 9783346304810
Dieses Buch ist auch als E-Book erhältlich.

Druck und Bindung: Books on Demand GmbH, Norderstedt Germany
Gedruckt auf säurefreiem Papier aus verantwortungsvollen Quellen

Das vorliegende Werk wurde sorgfältig erarbeitet. Dennoch übernehmen Autoren und Verlag für die Richtigkeit von Angaben, Hinweisen, Links und Ratschlägen sowie eventuelle Druckfehler keine Haftung.

Das Buch bei GRIN: https://www.grin.com/document/944405

Einsendeaufgabe

Alternative C

abgegeben am 15. April 2020 im Prüfungssekretariat

SRH Fernhochschule

Modul: Persönlichkeits- und Sozialpsychologie

Studiengang: Prävention und Gesundheitspsychologie

von

Tashina Celine Nemec

Inhaltsverzeichnis

Gruppendruck und Entscheidungsprozesse

Häufig kommt es in begrenzten Gruppen zu einer gegenseitigen Anpassung des Verhaltens und der sozialen Normen. Im Jahr 1951 führte Solomon Asch dazu erstmals Experimente durch. Ziel war es, den Einfluss von Gruppendruck zu untersuchen (Koch & Orth, 2018, S. 18).

Folgende Definitionen sollen es ermöglichen, zentrale Begriffe des Experimentes besser zu verstehen.

1. Begriffsdefinitionen

1.1 normativ sozialer Einfluss

Von einem normativ sozialen Einfluss wird gesprochen, wenn sich Personen aufgrund von Angst vor Ablehnung den Normen und Meinungen der Mehrheit anschließen, selbst wenn diese den eigenen Überzeugungen widersprechen (Koch & Orth, 2018, S. 18f).

1.2 Konformität

Unter Konformität ist der auf das Individuum wirkende Druck zu verstehen, sich so zu verhalten, wie es von der Gruppe erwartet wird (Koch & Orth, 2018, S. 19).

1.3 Abweichler

Unter einem Abweichler ist eine Person zu verstehen, welche von den Verhaltensstandards einer Gruppe abweicht und somit nicht den sozialen Normen entspricht. Abweichler müssen mit Ablehnung, Verspottung und Bestrafung durch andere Gruppenmitglieder rechnen (Koch & Orth, 2018, S. 19).

2. Der Asch-Effekt

Asch wollte herausfinden, wie gut Individuen dem Anpassungsdruck von Gruppen widerstehen können. Dazu saß ein Proband mit sechs bis acht anderen – über das Experiment eingeweihten – Personen zusammen im Raum. Nacheinander sollten die Personen einschätzen, welche Vergleichslinie genauso lang wie die Standardlinie ist. In den ersten Durchgängen geben alle Eingeweihten als auch der Proband bei jedem Kartenpaar die richtige Antwort. Der interessante Teil des Experimentes beginnt, als die geschlossene Gruppe an Teilnehmern behauptet, dass Linie 1 der Standardlinie entspricht. Diese wurden vor Beginn des Experimentes dazu aufgefordert, bewusst eine falsche Antwort zu geben. Dieses Procedere wurde in 12 der 18 Durchgänge wiederholt (Koch & Orth, 2018, S. 20).

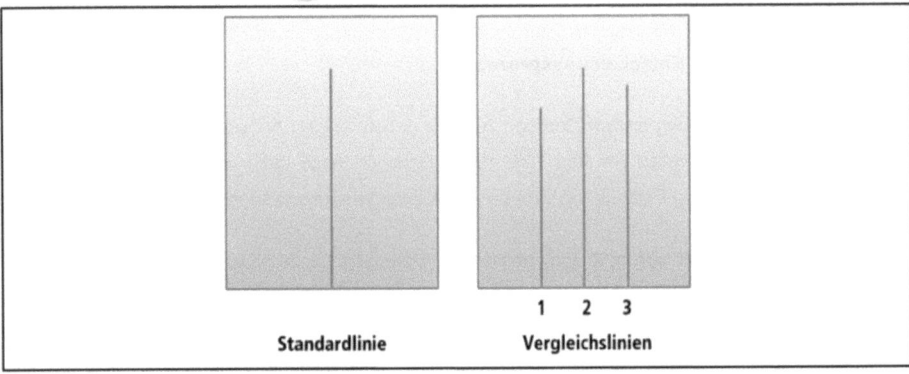

Abbildung 1: Standardlinie und Vergleichslinie (Koch & Orth, 2018, S. 19)

Das erstaunliche Ergebnis des Experimentes war, dass sich 76% der Probanden mindestens einmal einem falschen Urteil der Gruppe anschlossen. Mehr als ein Viertel taten dies sogar bei sieben von 12 Durchgängen und verhielten sich somit in fast allen Durchgängen konform mit der Gruppe.

Asch führte das Experiment mit exakt gleichem Inhalt, aber anderen Testpersonen erneut durch. Diesmal ließ er die Teilnehmer jedoch schriftlich antworten, sodass sich keiner von den anderen Probanden beeinflussen lassen könnte. In 95% der Fälle antworteten die Teilnehmer richtig.

Mit diesem Experiment konnte Asch beweisen, dass sich die Probanden teilweise trotz des Wissens, eine falsche Antwort zu geben, der mehrheitlichen Meinung anschlossen und somit dem normativen sozialen Einfluss unterlagen (Koch & Orth, 2018, S. 21).

3. Einflussfaktoren für Konformität

Wichtige Faktoren, welche die Konformität beeinflussen, sind die Gruppengröße, die Einstimmigkeit, die Kultur (Hewstone & Martin, 2014, S. 287) und die Bedeutung der Gruppe für einen selbst (Koch & Orth, 2018, S. 22).

Die Konformität nimmt bereits zu, wenn die Personengruppe von eins auf drei erhöht wird (Hewstone & Martin, 2014, S. 287). Asch kam bei weiteren Experimenten ebenfalls zu der Erkenntnis, dass ein höherer Konformitätseffekt schon bei kleineren Gruppen von drei oder vier Personen erzielt werden kann.

Sobald eine weitere Person der richtigen Meinung war, antworteten die Probanden in nur sechs Prozent der Durchgänge konform. Dies ist der Effekt der Einstimmigkeit. (Koch & Orth, 2018, S. 22).

Kollektivistische Kulturen, die dazu tendieren, ihre individuellen Ziele dem Gruppenziel unterzuordnen, weisen eine höhere Konformität auf als individualistische Kulturen (Hewstone & Martin, 2014, S. 287).

Hat die Gruppe eine grundlegende Bedeutung für einen selbst, so wird die Konformität und der normative Druck deutlich steigen (Koch & Orth, 2018, S. 22).

4. Negative Auswirkungen auf betriebliche Entscheidungsprozesse

Gruppen arbeiten im Idealfall produktiver als Einzelpersonen. Jedoch können gewisse Einflussfaktoren den Entscheidungsprozess einer Gruppe auch negativ beeinflussen.

Beispielsweise kommt es im Laufe eines betrieblichen Entscheidungsprozesses zu einer Abstimmung. Abstimmungen stellen ein Instrument der Entscheidungsfindung dar. Erfolgen diese in einem Betrieb jedoch namentlich, kann es der Fall sein, dass nicht jeder den Mut dazu hat, seine ehrliche Meinung kundzutun. Der Anpassungsdruck auf Abweichler wäre aufgrund der betrieblichen Zugehörigkeit zu groß, um das Risiko einer Ablehnung einzugehen.

Gegebenenfalls denken Einzelpersonen bei der Abstimmung auch nicht an die betrieblichen Vorteile, sondern vielmehr an ihre eigenen. Dies würde nicht nur zu einer fälschlichen Abstimmung führen, sondern eventuell auch dem Unternehmen schaden.

Ist von Mitarbeitern bekannt, dass diese oftmals eine abweichende Meinung haben, kann es unter Umständen vorkommen, dass diese nicht befragt und aus dem Entscheidungsprozess ausgeschlossen werden. Wichtig ist dabei zu bedenken, dass vielfältige Meinungen und Informationen in solch einem Entscheidungsprozess aber hilfreich sind. Alternative Standpunkte ermöglichen neue Sichtweisen und Zugänge hinsichtlich der zu behandelnden Thematik. Daher wirkt sich auch eine mangelnde Informationssuche oftmals negativ auf betriebliche Entscheidungsprozesse aus.

Kann ein Mitarbeiter mit einem breiten Fachwissen bei der Entscheidungsfindung möglicherweise die Gruppe aus rhetorischen Gründen nicht überzeugen, gelingt dies eventuell einem Mitarbeiter, der weniger Fachwissen, aber gute Argumente einbringt. Die Mitarbeiter würden sich aufgrund des überzeugenden Vortrages womöglich eher der Meinung des Kollegen mit weniger Erfahrung anschließen und das wesentliche Fachwissen des anderen Kollegen bei der Entscheidung außer Acht lassen.

Unter Umständen lassen Gruppenführer, welche eine parteiische, direktive Rolle innehaben, anderslautende Meinungen nicht gelten. Wissen Mitarbeit dies bereits, kann es vorkommen, dass sie ihre Meinung aufgrund von Angst vor Ablehnung oder anderweitigen negativen

Konsequenzen nicht äußern. Dies würde jedoch zu einer unvollständigen Sichtung von Alternativen führen.

Auch Kommunikationsschwierigkeiten innerhalb der Gruppe können die Entscheidungsfindung erschweren. Beispielsweise kann dies zur Folge haben, dass nicht jeder über die gleichen Informationen verfügt (Koch & Orth, 2018, S. 130ff).

5. Lindernde Maßnahmen

Es liegen einige Maßnahmen vor, welche negative Auswirkungen lindern oder verhindern können.

Sinnvoll wäre beispielsweise eine schriftliche Abstimmung, in der die einzelnen Stimmen geheim bleiben und keiner der Beteiligten Angst vor Ablehnung haben muss.

Gruppenführer dürfen keine parteiische oder direktive Rolle einnehmen und die Mitarbeiter somit in ihrer Meinungsäußerung einschränken. Auch anderslautende Sichtweisen sollten frei geäußert werden dürfen.

Gut strukturierte Unternehmen holen sich in Entscheidungsprozessen auch externe Meinungen und Informationen von Experten ein. So kann garantiert werden, dass auch alternativen Aspekte und Blickwinkel berücksichtigt werden, die das Unternehmen möglicherweise bis zu dem Zeitpunkt noch nicht bedacht hat.

Des Weiteren sind anfänglich Diskussionen in Kleingruppen hilfreich. In diesen können Vorschläge leichter erarbeitet werden, die anschließend in der Großgruppe präsentiert werden. So kann die einzelne Meinung nicht mehr so leicht zurückverfolgt werden und die Vorschläge erfahren eine bessere Strukturierung (Koch & Orth, 2018, S. 131).

6. Wirksame Entscheidungsprozesse

Der renommierte Manager Fredmund Malik beschreibt in sieben Schritten, wie ein konstruktiver Entscheidungsprozess aussehen muss.

6.1 Präzise Bestimmung des Problems

Der erste Schritt beinhaltet die gründliche und vollständige Bestimmung des Problems aus einer Vielfalt von Daten, Vermutungen, Behauptungen, Beobachtungen und unklaren Vorstellungen (Andiel, 2017). Dabei ist zu berücksichtigen, ob es sich um einen Einzelfall oder ein wiederkehrendes Problem handelt (Pawlik, 2016).

6.2 Spezifikation der Anforderungen

In dieser Phase erfolgt die klare und präzise Formulierung von Anforderungen, welche die Entscheidung mindestens zu erfüllen hat (Pawlik, 2016). Generell gilt es, Kompromisse nicht zu früh einzugehen (Andiel, 2017).

6.3 Alternativsuche

Ein häufiger Fehler bei der Alternativsuche ist, dass zu wenige Alternativen bedacht werden oder der Status quo als Alternative völlig ausgelassen wird (Andiel, 2017). Wesentlich in der Alternativsuche ist, den aktuellen Stand der Situation zu beachten. Unter Umständen ist dieser mit ein paar wenigen Anpassungen vielleicht doch die beste Alternative (Pawlik, 2016).

6.4 Analyse der Risiken und deren Folgen

Ziel dieses Schrittes ist die ausführliche, systematische Prüfung der Alternativen auf ihre Risiken und den damit verbundenen Folgen. Die Prüfung beinhaltet die Hinterfragung des Zeitrahmens, der Reversibilität der Entscheidung, der Art des Risikos und der Grenzkonditionen (Pawlik, 2016).

6.5 Der Entschluss

Nach gründlicher Überlegung kann die Entscheidung nun getroffen werden. Von einem weiteren Abwägen sollte abgesehen werden (Pawlik, 2016).

6.6 Die Realisierung der Entscheidung

In der Realisierungsphase ist es wichtig, konkrete Maßnahmen, Zuständigkeitsbereiche und einen Terminrahmen festzulegen. Es sollte bedacht werden (Pawlik, 2016):

- „wer was, wie und bis wann macht
- wer an der Realisierung direkt beteiligt ist
- wer bis zu welchem Zeitpunkt, wie und von wem über die Entscheidung informiert werden muss
- wer welche Informationen, Budgets, Kompetenzen etc. erhalten muss, damit er die Entscheidung, ihre Umsetzung und deren Konsequenzen verstehen und seinen Beitrag leisten kann
- wie Sie gewährleisten wollen, dass die getroffene Entscheidung realisiert wird
- wie ein regelmäßiges Status-quo-Reporting erfolgen soll"

6.7 Etablieren von Feedback

In dieser Phase erfolgt durch gegenseitiges Feedback der Austausch wichtiger Informationen, wie beispielsweise zu den Realisierungsfortschritten. Anhand dieser wichtigen Informationsgrundlagen kann beurteilt werden, ob die richtige Entscheidung gefällt wurde. Essentiell ist es, Ergebnisse und Erfolge zu kommunizieren, um den Fortschritt zu verdeutlichen (Pawlik, 2016).

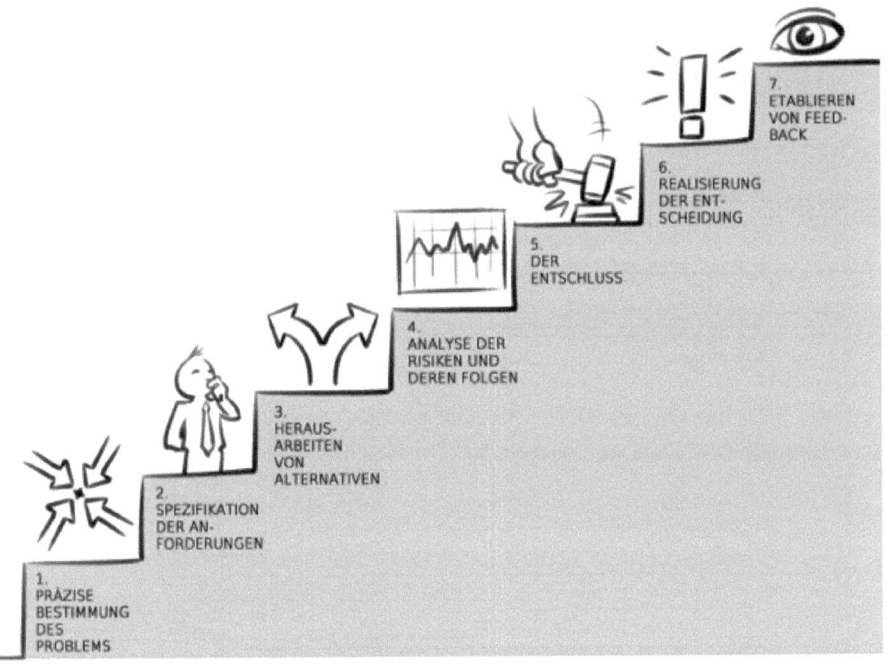

Abbildung 2: konstruktiver Entscheidungsprozess (Pawlik, 2016)

Angstbezogene Störungsbilder und zwanghafte Persönlichkeitsstörung

1. Einleitung

Angststörungen zählen zu den verbreitetsten psychischen Störungen des Erwachsenenalters (Lang & Petermann, 2009, S. 147).

Im Jahr 2015 litten laut der Weltgesundheitsorganisation insgesamt 265 Millionen Menschen an einer Angststörung. In Europa betrifft dieses Krankheitsbild 14% der europäischen Gesamtbevölkerung. Frauen erkranken dabei fast doppelt so häufig wie Männer (WHO, 2015). Insgesamt leidet 25% der Weltbevölkerung zumindest einmal im Leben unter einer Angststörung (Focus, 2011).

Bei Angststörungen liegt eine objektiv nicht begründete Angst vor, welche durch Objekte oder Situationen ausgelöst wird. Generell lassen sich Angststörungen nach ihrem Auslöser unterteilen (Caspar, Pjanic & Westermann, 2017, S. 65). Situationsbezogene Angststörungen (= Phobie) werden von situationsunabhängigen Angststörungen unterschieden. Leidet der Betroffene unter einer situationsbezogenen Angststörung wird er versuchen, die auslösende Situation zu umgehen. Die situationsunabhängige Angst tritt willkürlich auf. Bei plötzlichem Auftreten von Angstzuständen spricht man von Panikstörungen (I care, 2015, S. 1236).

Werden Angststörungen nicht behandelt, enden diese meist chronisch. Gleichzeitig treten bei den Betroffenen häufig körperliche Erkrankungen, affektive Störungen und Alkohol- oder Substanzabhängigkeiten auf (Caspar et al., 2017, S. 66).

2. Begriffsdefinitionen Angst & Ängstlichkeit

Angst ist eine Emotion, welche seit Bestand des Menschen in uns verankert ist und uns vor potenziellen Bedrohungen schützt (Caspar et al., 2017, S. 65).

Angst lässt sich als subjektive und heterogene Empfindung beschreiben und geht oftmals mit anderen Emotionen einher. Das subjektive Angsterleben ist begleitet von physiologischen Reaktionen wie beispielsweise Zittern, Schwitzen, Atemnot, Herzrhythmusstörungen, erhöhtem Blutdruck und Schlaflosigkeit (Neukom, 2016, S. 68).

Streng genommen muss zwischen den Begriffen Angst und Ängstlichkeit unterschieden werden.

Ängstlichkeit wird als ein Persönlichkeitsmerkmal verstanden, „in der einem die Welt im Ganzen bedrohlich erscheint und man sich entsprechend im Ganzen bedroht fühlt" (Neukom, 2016, S. 69). Unter dem Begriff Ängstlichkeit versteht man eine ausgeprägte Anfälligkeit für Situationen, welche als bedrohlich erlebt werden. Betroffene reagieren auf unterschiedliche

Situationen leichter mit Angst. Da Ängstlichkeit ein Persönlichkeitsmerkmal ist, kann diese ein Leben lang bestehen (Becker, 2011, S.10f).

3. State-Trait Modell der Angst nach Spielberger

Das State-Trait Modell ist ein Fragebogenverfahren, welches zur Erfassung von Angst bzw. Ängstlichkeit dient und seit 1981 im deutschsprachigen Raum existiert. Besonders in der Stress- und Angstforschung kommt dieses Instrument häufig zum Einsatz. Dabei wird zwischen der Angst als Zustand (State) und der Angst als Eigenschaft (Trait) unterschieden. Die Zustandsangst untersucht, wie sich die Testperson in dem Moment fühlt. Die Eigenschaftsangst hingegen untersucht das allgemeine Wohl der Person.

Im Zuge des Verfahrens werden der Testperson zwei voneinander getrennte Fragebögen mit jeweils 20 Fragen, welche auf einer 4-stufigen Antwortenskala basieren, vorgelegt. Wie aus Abbildung 1 und 2 zu entnehmen, beinhalten beide Testinstrumente positiv als auch negativ formulierte Fragen. Die Skalenwerte werden am Ende addiert und ergeben einen Wert zwischen 20-80. Ein Wert von 20 würde aussagen, dass bei der Testperson keine Angst vorhanden ist. Ein Wert von 80 hingegen bedeutet, dass eine maximale Intensität von Angst vorliegt.

Bei dem State-Trait-Angstmodell handelt es sich um ein objektives Testverfahren. Die Items sind klar und deutlich formuliert. Dem Probanden stehen für die Beantwortung der Items 3-6 Minuten zur Verfügung. Es gibt keine Voraussetzungen für die Durchführung (Universität Trier, 2002, S. 3-7).

Die Reliabilität gibt Auskunft darüber, wie genau der Test misst. Dabei wird zwischen der internen Reliabilität und der Retest-Reliabilität unterschieden. Die interne Reliabilität verweist auf die inhaltliche Homogenität des Tests. Es wird erforscht, inwieweit die Items dasselbe Konstrukt messen. Das Maß der internen Reliabilität wird Cronbachs Alpha genannt und kann Werte zwischen -1 und +1 annehmen. Liegt der Wert über 0,7 ist das Ergebnis akzeptabel (Becker, 2014, S. 118). Im Falle des State-Trait-Angstinventar liegt die interne Reliabilität für die Trait-Skala zwischen 0,88 und 0,94 und für die State-Skala zwischen 0,90 und 0,94 (Universität Trier, 2002, S. 5). Die Reset-Reliabilität hingegen misst die Reliabilität über die Zeit. Der Test wird dabei nach einer bestimmten Zeit erneut durchgeführt. Liegt die Reset-Reliabilität über 0,7, liegen diese in Korrelation zueinander (Becker, 2014, S. 118). Im Falle des State-Trait-Angstinventars liegt der Wert nach einer Stunde bei 0,76 (Universität Trier, 2002, S. 5).

	ÜBERHAUPT NICHT	EIN WENIG	ZIEMLICH	SEHR
1. Ich bin ruhig	1	2	3	4
2. Ich fühle mich geborgen	1	2	3	4
3. Ich fühle mich angespannt	1	2	3	4
4. Ich bin bekümmert	1	2	3	4
5. Ich bin gelöst	1	2	3	4
6. Ich bin aufgeregt	1	2	3	4
7. Ich bin besorgt, daß etwas schiefgehen könnte	1	2	3	4
8. Ich fühle mich ausgeruht	1	2	3	4
9. Ich bin beunruhigt	1	2	3	4
10. Ich fühle mich wohl	1	2	3	4
11. Ich fühle mich selbstsicher	1	2	3	4
12. Ich bin nervös	1	2	3	4
13. Ich bin zappelig	1	2	3	4
14. Ich bin verkrampft	1	2	3	4
15. Ich bin entspannt	1	2	3	4
16. Ich bin zufrieden	1	2	3	4
17. Ich bin besorgt	1	2	3	4
18. Ich bin überreizt	1	2	3	4
19. Ich bin froh	1	2	3	4
20. Ich bin vergnügt	1	2	3	4

Abbildung 3: Fragebogen-Design State-Angst (Universität Trier, 2002, S. 9)

	fast nie	manch- mal	oft	fast immer
	1	2	3	4
21. Ich bin vergnügt	1	2	3	4
22. Ich werden schnell müde	1	2	3	4
23. Mir ist zum Weinen zumute	1	2	3	4
24. Ich glaube, mir geht es schlechter als anderen Leuten	1	2	3	4
25. Ich verpasse günstige Gelegenheiten, weil ich mich nicht schnell genug entscheiden kann	1	2	3	4
26. Ich fühle mich ausgeruht	1	2	3	4
27. Ich bin ruhig und gelassen	1	2	3	4
28. Ich glaube, daß mir meine Schwierigkeiten über den Kopf wachsen	1	2	3	4
29. Ich mache mir zuviel Gedanken über unwichtige Dinge	1	2	3	4
30. Ich bin glücklich	1	2	3	4
31. Ich neige dazu, alles schwer zu nehmen	1	2	3	4
32. Mir fehlt es an Selbstvertrauen	1	2	3	4
33. Ich fühle mich geborgen	1	2	3	4
34. Ich mache mir Sorgen über mögliches Mißgeschick	1	2	3	4
35. Ich fühle mich niedergeschlagen	1	2	3	4
36. Ich bin zufrieden	1	2	3	4
37. Unwichtige Gedanken gehen mir durch den Kopf und bedrücken mich	1	2	3	4
38. Enttäuschungen nehme ich so schwer, daß ich sie nicht vergessen kann	1	2	3	4
39. Ich bin ausgeglichen	1	2	3	4
40. Ich werde nervös und unruhig, wenn ich an meine derzeitigen Angelegenheiten denke	1	2	3	4

Abbildung 4: Fragebogen-Design Trait-Ängstlichkeit (Universität Trier, 2002, S. 9)

4. Zwangsstörung

Laut ICD-10 lassen sich Zwangsstörungen den Angststörungen zuordnen. Zu den primären Symptomen zählen wiederkehrende Zwangsgedanken und -handlungen. Bei Zwangsgedanken handelt es sich um individuelle Vorstellungen, zwanghafte Ideen, bildhafte Vorstellungen oder Zwangsimpulse (Caspar et al., 2017, S. 71), welche von der betroffenen Person als unangemessen und belastend empfunden werden. Zwangsgedanken weisen in den meisten Fällen einen unmoralischen oder gewalttätigen Inhalt auf, der bei dem Betroffenen Angst auslöst. Beispielsweise handelt es sich dabei um Gedanken, dem eigenen Kind Schaden zuzufügen, sich mit einer Krankheit anzustecken, Suizid zu begehen oder der ständige Gedanke an Keime in der Umgebung (Koch, Prölß & Schnell, 2019, S. 53).

Zwangshandlungen hingegen sind Handlungsabläufe, welche einer mehrfachen Wiederholung bedürfen. Obwohl dies von den Betroffenen als unangenehm empfunden wird, denken sie, so Unglück abwenden und die Angst, welche durch die Zwangsgedanken entsteht, kontrollieren zu können. Leidet der Betroffene beispielsweise unter Angst vor Ansteckung, wird er sich die Hände wiederholt so intensiv waschen, dass diese womöglich zu bluten beginnen (Caspar et al., 2017, S. 71). Teilweise nehmen Zwangsstörungen eine so extreme Form an, dass der Betroffene nicht mehr seinen alltäglichen Verpflichtungen nachgehen kann. Es stellen sich neben der Angst Gefühle wie innere Unruhe und Spannung ein, die erst vergehen, wenn der Betroffene sein Ritual ausführen konnte (Koch et al., 2019, S. 55).

Aufgrund von Scham und Angst vor einer Behandlung sind die Betroffenen bemüht, ihre Erkrankung vor ihren Mitmenschen zu verbergen (Voderholzer, 2011, S. 271). Viele Betroffene suchen erst Hilfe auf, wenn der Alltag - beispielsweise aufgrund von Zeitnot - nicht mehr bewältigbar ist oder die Erkrankung zu Problemen mit ihren Mitmenschen führt. Etwa 2-3% der Menschen leiden zumindest einmal in ihrem Leben unter einer Zwangsstörung (Koch et al., 2019, S. 56 & 58). Relativ gute Behandlungsergebnisse können mit psychotherapeutischen Verfahren und Psychopharmaka erzielt werden (Koch et al., 2019, S. 59).

5. Zwanghafte Persönlichkeitsstörung

Die zwanghafte Persönlichkeitsstörung ist den Persönlichkeitsstörungen zuzuordnen. Die Betroffenen haben einen stark ausgeprägten Perfektionismus und beharren auf Normen und Regeln. Es fehlt ihnen oftmals an Spontanität, Emotionen, Humor und Aufgeschlossenheit. Auf ihre Mitmenschen wirken sie gehemmt, kühl und wenig begeisterungsfähig. Sie versuchen, nur wenig von sich preiszugeben. Die Betroffenen tendieren dazu, ihr eigenes Verhalten und das ihrer Mitmenschen zu kontrollieren. Es ist schwer für sie zu akzeptieren, dass Mitmenschen eventuell andere moralische Grundsätze oder Normen haben. Aufgrund ihrer enormen Detailgenauigkeit haben Betroffene ausgeprägte Schwierigkeiten, Aufgaben in die

Tat umzusetzen. Sie erleben die zwanghafte Persönlichkeitsstörung als einen Teil ihrer Persönlichkeit und nicht als Störung. Dies führt dazu, dass Betroffene keine Änderungsmotivation aufzeigen (Kiszkenow-Bäker & Sachse, 2016, S. 124f).

Das Krankheitsbild tritt im frühen Erwachsenenalter auf. Mindestens vier der folgenden Punkte müssen zutreffen, um von einer zwanghaften Persönlichkeitsstörung ausgehen zu können:

1. „beschäftigt sich übermäßig mit Details, Regeln, Listen, Ordnung, Organisation oder Plänen, so dass der wesentliche Gesichtspunkt der Aktivität dabei verloren geht
2. zeigt einen Perfektionismus, der die Aufgabenerfüllung behindert (z.B. kann ein Vorhaben nicht beendet werden, da die eigenen überstrengen Normen nicht erfüllt werden)
3. verschreibt sich übermäßig der Arbeit und Produktivität unter Ausschluss von Freizeitaktivitäten und Freundschaften (nicht auf offensichtliche finanzielle Notwendigkeit zurückzuführen)
4. ist übermäßig gewissenhaft, skrupellos und rigide in Fragen von Moral, Ethik und Werten (nicht auf kulturelle und religiöse Orientierung zurückzuführen)
5. ist nicht in der Lage, verschlissene oder wertlose Dinge wegzuwerfen, selbst wenn sie nicht einmal Gefühlswert besitzen
6. delegiert nur widerwillig Aufgaben an andere oder arbeitet nur ungern mit anderen zusammen, wenn diese nicht genau die eigene Arbeitsweise übernehmen
7. ist geizig sich selbst und anderen gegenüber; Geld muss im Hinblick auf befürchtete künftige Katastrophen gehortet werden,
8. zeigt Rigidität und Halsstarrigkeit" (Deutsche Gesellschaft für Psychiatrie, Psychotherapie und Nervenheilkunde, 2009, S. 21f)

Die Häufigkeit einer zwanghaften Persönlichkeitsstörung liegt bei etwa 1 % der Bevölkerung. Personen mit einer zwanghaften Persönlichkeitsstörung weisen oftmals auch Aspekte einer Zwangsstörung und umgekehrt auf. Zwanghafte Persönlichkeitsstörungen gehen häufig mit Depressionen, Angststörungen oder einer Borderlinepersönlichkeitsstörung einher (Kiszkenow-Bäker & Sachse, 2016, S. 125).

6. Abgrenzung von Zwangsstörung und zwanghafte Persönlichkeitsstörung

Die Zwangsstörung und die zwanghafte Persönlichkeitsstörung werden häufig gleichgesetzt. Diese sind jedoch klar voneinander abzugrenzen. Zwangsstörungen fallen unter die Angststörungen, wohingegen die zwanghafte Persönlichkeitsstörung zu den Persönlichkeitsstörungen zählt.

Betroffene mit Zwangsstörungen verspüren oftmals großes Leid, Angst und Scham. Anders als bei diesen bestehen bei den Betroffenen der zwanghaften Persönlichkeitsstörung die Symptome seit der Jugend oder dem frühen Erwachsenenalter. Sie sehen ihre Verhaltensweisen nicht als gestört an. Betroffene der Zwangsstörung sind sich ihres gestörten Verhaltens bewusst. Sie versuchen, dieses vor der Außenwelt zu verheimlichen. Es zwingen sich bei der Zwangsstörung bestimmte Gedanken förmlich auf und die Betroffenen kommen erst zur Ruhe, wenn sie ihre Rituale ausgeführt haben. Dies ist bei Betroffenen der zwanghaften Persönlichkeitsstörung nicht der Fall. Sie sehen ihre Störung als Bestandteil ihrer Person.

7. Therapie von Persönlichkeitsstörungen

Die Betroffenen sehen häufig keine Veränderungsnotwendigkeit, da sie ihr Verhalten und ihre Einstellungen als zu ihrer Persönlichkeit gehörig betrachten. Daher fällt es ihnen auch schwer, Hilfe anzunehmen. Häufig sind es nahestehende Personen, welche eine Beratung oder Therapie für den Betroffenen in Erwägung ziehen (Gesundheit Österreich, 2020).

In erster Linie werden Persönlichkeitsstörungen mit psychotherapeutischen Verfahren behandelt. Es ist nicht Ziel der Psychotherapie, eine Persönlichkeitsveränderung zu erreichen. Vielmehr wird mit deren Hilfe versucht, gestörte Persönlichkeitsmerkmale zu mildern. Da es bei Persönlichkeitsstörungen um das emotionale Erleben, das interpersonelle Verhalten sowie die inneren Einstellungen geht, benötigen Betroffene oftmals über mehrere Jahre Psychotherapie.

Besteht eine akute Suizidalität, muss umgehend eine stationäre Behandlung erfolgen. Ziel dieser ist es, die suizidalen Gedanken aufzulösen und die Psyche soweit zu stabilisieren, dass eine Entlassung infrage kommt. Anschließend kann mit einer ambulanten Psychotherapie fortgefahren werden (Bronisch & Herpertz, 2016, S. 41).

Je nach Art der Persönlichkeitsstörung kommen unterschiedliche Therapieformen zur Anwendung (Gesundheit Österreich, 2020). Psychotherapeutische Verfahren, die sich bei Persönlichkeitsstörungen als besonders wirksam erwiesen haben, sind beispielsweise die dialektisch-behaviorale Therapie, die mentalisierungs-basierte Therapie und die Schematherapie (Lambert, k.A.). Begleiterkrankungen wie beispielsweise Depressionen müssen in die Therapie mit einbezogen werden (Gesundheit Österreich, 2020).

Zusätzlich zur Psychotherapie werden je nach Ausprägung der Erkrankung ärztlich verordnete Medikamente zur Unterstützung eingesetzt. Dabei handelt es sich um Antidepressiva, Stimmungsstabilisierer oder Antipsychotika. Diese können beispielsweise bei Angst, Impulsdurchbrüchen, Wahndenken oder verzerrten Denk- und Wahrnehmungsweisen zur

Anwendung kommen (Gesundheit Österreich, 2020). Dabei müssen etwaige Nebenwirkungen mit dem Patienten vor Beginn der medikamentösen Therapie besprochen werden. Grundsätzlich sollten Medikamente vermieden werden, welche zu einer Abhängigkeit führen können. Psychotherapeutische Verfahren sind einer medikamentösen Therapie immer vorzuziehen (Lambert, k.A.).

Häufig sind Behandlungsabbrüche zu beobachten. Ein Vertrauensverhältnis zwischen dem Erkrankten und dem Therapeuten hat daher höchste Priorität (Gesundheit Österreich, 2020).

Schockbilder auf Zigarettenpackungen und die damit verbundene Einstellung des Konsumenten

1. Einleitung

Jährlich erkranken Millionen von Menschen an den Folgen ihres Tabakkonsums. Im Jahr 2017 verstarben insgesamt 8 Millionen Menschen an einer Krankheit, welche durch den Genuss von Tabakwaren verursacht wurde. Durch die gegenwärtigen Bemühungen, den globalen Tabakkonsum zu senken, werden bis 2025 aller Voraussicht nach nur noch 20,9% der Weltbevölkerung regelmäßig Tabak konsumieren. Im Jahr 2000 waren dies noch 33,3%. Das Aufzeigen der Schädlichkeiten von Tabakkonsum kann dabei helfen, den globalen Prozentsatz an Tabakverbrauchern zu senken (World Health Organization, 2019, S. 1 & 5).

Bei beiden Geschlechtern sind im Besonderen Luftröhren-, Bronchien-, Lungen- und Darmkrebs die Konsequenzen von kontinuierlichem Tabakkonsum (Deutsches Ärzteblatt, 2018). Im Jahr 2019 wurden in Deutschland insgesamt 204 Millionen Zigaretten pro Tag konsumiert (Statistisches Bundesamt, 2020). Des Weiteren hatte das deutsche Gesundheitssystem im Jahr 2003 durch Rauchen Gesundheitskosten von 21,1 Milliarden Euro zu tragen (Helmholtz Zentrum München, 2009).

Sehen wir Bilder von einer schwarzgefärbten Lunge oder amputierten Körperteilen erfassen wir schnell, um welches Produkt es sich handelt: die Zigarettenpackung. In Deutschland ist im Jahr 2016 die Richtlinie „2014/40/EU" in Kraft getreten. Diese schreibt vor, dass auf sämtlichen Tabakwaren ein Warnhinweis erkennbar sein muss, welcher 65% der gesamten Verpackung einnimmt. Ziel dieser Maßnahme ist es, die Bevölkerung vor einem Konsumeinstieg zu bewahren und die Attraktivität solcher Produkte zu verringern (Deutscher Bundestag, 2017, S. 4).

2. Begriffsdefinition Einstellung

Die persönliche Einstellung zu Tabakprodukten spielt bei der Kaufentscheidung eine essentielle Rolle (Koch & Orth, 2018, S. 81).

Einstellungen sind sowohl positive, neutrale als auch negative Bewertungen von Menschen, Objekten, Verhaltensweisen, Situationen oder Ideen. Sie helfen uns, alltägliche Informationen zu verarbeiten, unsere Ziele zu erreichen, unser Verhalten zu steuern, uns selbst zu schützen und vor allem erleichtern sie das Treffen von Entscheidungen (Koch & Orth, 2018, S. 84). Einstellungen bestehen aus drei Komponenten: den Gedanken (Kognitionen), Gefühlen (Affekt) und dem Verhalten (Behaviorismus). Da Einstellungen und das Verhalten gegenseitig wirken, ist es von großem Interesse, ausfindig zu machen, wie sich Einstellungen bilden, verändern und manipulieren lassen (Fritsche & Kessler, 2018, S. 53f).

3. Einstellungsbildung

3.1 Kognitive Einstellungen

Einstellungen können auf unterschiedliche Weise entstehen. Genetische Faktoren spielen bei einem kleinen Teil unserer Einstellungen eine Rolle. Vielmehr aber beeinflussen soziale Erfahrungen unsere Einstellungen (Koch & Orth, 2018, S. 84). Kognitiv basierte Einstellungen kommen durch beabsichtigtes Nachdenken über eine Sachlage und Fakten zustande. Dazu werden alle Vor- und Nachteile gesammelt und anschließend bewertet (Denzler, Mayer & Werth, 2020, S. 244). Ein Beispiel hierfür ist ein Autokauf (Koch & Orth, 2018, S. 84).

3.2 Affektive Einstellungen

Affektiv basierte Einstellungen wiederum sind durch Emotionen und Werte eines Menschen geprägt. Beispiele hierfür sind Einstellungen zu Themen wie Abtreibung, Musikpräferenzen oder religiöse Überzeugungen. Diese Form von Einstellungen lässt sich kaum durch Argumente verändern (Denzler et al., 2020, S. 244). Vielmehr würde eine Einstellungsänderung das bestehende Wertesystem anzweifeln. Affektive Einstellungen können auch mithilfe von Konditionierung erworben sein. Die klassische Konditionierung ist eine Form des Lernens, bei der ein Reiz (z.B. Glocke) ein bevorstehendes Ereignis (z.B. Futtergabe) ankündigt. Dabei kommt es zum Auslösen einer Reaktion. Greift der Konsument nach dem Essen beispielsweise zu einer Zigarette und fühlt sich dabei wohl, wird sich das Gehirn dies merken und beide Vorgänge miteinander verknüpfen. Die operante Konditionierung ist ein Lernprozess, bei dem ein Verhalten entweder durch positive Verstärkung bzw. Belohnung häufiger oder durch Bestrafung seltener wird. Rauchen wird anfangs häufig mit dem Gefühl von Anerkennung verbunden. Positive Verstärkungen bei Rauchen können der soziale Kontakt zu anderen oder regelmäßige Raucherpausen während des Arbeitsalltags sein (Koch & Orth, 2018, S. 85).

3.3 Verhaltensbasierte Einstellungen

Verhaltensbasierte Einstellungen sind Einstellungen, welche durch Beobachtungen des eigenen Verhaltens erlangt werden. Gefühle oder Gedanken werden hier außer Acht gelassen. Beobachten wir beispielsweise unser Verhalten der Mülltrennung, können wir darauf schließen, ob uns Umweltschutz wichtig ist. Diese Form von Einstellung wird sich bilden, wenn wir keine einleuchtende Erklärung für ein bestimmtes Verhalten haben (Denzler et al., 2020, S. 244; Koch & Orth, 2018, S. 86).

4. Einstellungsänderung

Einstellungen verfügen über eine bemerkenswerte Stabilität. Ungeachtet dessen sind Einstellungen veränderbar. Die häufigste Art von Einstellungsänderung ist der soziale Einfluss (Koch & Orth, 2018, S. 87).

4.1 Dissonanz

Die meisten Menschen streben in ihrem Leben nach Harmonie. Dissonanz kommt zustande, wenn sich Handlungen und Einstellungen konträr zueinander verhalten (z.B. „Ich rauche", „Rauchen ist ungesund"). Wenn Personen entgegen ihren Überzeugungen handeln, führt dies zu einem inneren Konflikt und physiologischer Erregung. Die Person ist bemüht, einen Zustand der Konsonanz herzustellen. Dies ist durch direkte Veränderung der Einstellungs-Verhaltens-Diskrepanz möglich, beispielsweise durch Änderung des Verhaltens, der Wahrnehmung oder durch Rationalisierung. Dissonanzreduktion kann aber ebenfalls durch indirekte Veränderung des begleitenden unangenehmen Gefühls erfolgen, wie zum Beispiel durch selbstwerterhöhende Strategien (Denzler et al., 2020, S. 262f).

4.2 Persuasive Kommunikation

Eine weitere Möglichkeit ist die Einstellungsänderung durch Kommunikation. Persuasion kommt aus dem Lateinischen und bedeutet so viel wie „überreden" bzw. „überzeugen" (Denzler et al., 2020, S. 272). Dabei bieten sich zwei Möglichkeiten an. Bei dem „zentralen Weg" ist der Mensch motiviert und fähig, Informationen zu verarbeiten. Die Aufmerksamkeit liegt dabei auf den logisch präsentierten Argumenten. Diese führen bei dem Betroffenen möglicherweise zur Überzeugung und einer Einstellungsänderung. Bei dem „peripheren Weg" fehlt die Motivation und die entsprechende Fähigkeit der Informationswahrnehmung. Vielmehr stehen die äußeren Bedingungen, wie z.B. die Länge des Vortrags im Vordergrund. Diese führen bei dem Betroffenen möglicherweise eher zu einer Einstellungsänderung als die dargebrachten Argumente. Je wichtiger die Thematik für den Betroffenen ist, desto höher ist die Motivation. Der Vortragende sollte darauf achten, dass die Argumente kurz und stichhaltig sind (Koch & Orth, 2018, S. 89f).

4.3 Emotionen

Schockierende Bilder oder Furchtverbreitung werden bewusst eingesetzt, um an unsere Emotionen zu appellieren und eine Einstellungsänderung zu bewirken. Ob dies wirkt, hat mit der Grundstimmung der zu beeinflussenden Person zu tun. Hat die Person gute Stimmung, wird sie den Argumenten weniger Raum geben, um die guten Gefühle beizubehalten. Personen, welche traurig oder wütend sind, schenken den Argumenten hingegen mehr Aufmerksamkeit. Zu furchterregende Appelle führen nicht zu dem gewünschten Erfolg. Ist die

Angst zu groß, kommt es zu Verdrängung und Verleugnung. Daher sollte ein Maß der Furchtverbreitung gewählt werden, bei dem der Betroffene weiterhin bereit ist, den Argumenten zuzuhören (Koch & Orth, 2018, S. 91&93).

5. Der Effekt von Furchtverbreitung auf das Konsumverhalten (Fazit)

Schockfotos auf Zigarettenpackungen werden von 81% der Deutschen als eine Maßnahme ohne Effizienz betrachtet, um den Tabakkonsum zu reduzieren (DAK, 2016). Obwohl die Mehrheit der Befragten unter Umständen keinen wissenschaftlich gerechtfertigten Grund für diese Annahme haben, liegen diese womöglich nicht ganz falsch. Denn wie im Kapitel 4.3 beschrieben, handelt es sich bei den Schockfotos um einen Versuch der Einstellungsänderung durch Emotionen. Lösen die furchtauslösenden Fotos bei dem Konsumenten jedoch Angst aus, können diese auch zu einer gegensätzlichen Wirkung führen. Zumal auf den Verpackungen keine Lösungswege aufgezeigt werden, um das Konsumverhalten zu ändern.

Leventhal, Watts & Pagano führten dazu 1967 eine Studie durch. Dabei wurde versucht aufzuzeigen, welche unterschiedlichen Ergebnisse erreicht werden können, wenn neben der Kommunikation durch furchteinflößende Mitteilungen auch Instruktionen durch beispielsweise eine Broschüre, die aufzeigt, wie mit dem Rauchen aufgehört werden kann, erzielt werden können. Die Ergebnisse der Studie zeigen auf, dass die Gruppe von Rauchern, die sowohl ein Video zu den Folgen von Tabakkonsum sahen als auch eine Broschüre erhielten, ihren Konsum stärker reduzierten. Zwei weitere Gruppen erhielten entweder nur die Broschüre oder sahen ausschließlich das Video (Koch & Orth, 2018, S. 92).

Dieses Experiment bestätigt, welche Problematik mit Schockbildern auf Zigarettenpackungen in Erscheinung tritt. Durch die alleinige Darstellung dieser und der damit verbundenen Furcht wird dem Konsumenten zwar klar, welche Konsequenzen mit dem Rauchen einhergehen, jedoch wird ihm nicht aufgezeigt, wie er die Sucht bewältigen kann. Dies führt bei den Betroffenen zu der in Kapitel 4.1 beschriebenen Dissonanz, die mit Verleugnung einhergeht. Die Betroffenen versuchen, sich selbst zu schützen und den inneren Stress durch beispielsweise eine weitere Zigarette zu kompensieren.

Dies beweist, dass die alleinige Abbildung oder die alleinige Informationsweitergabe nicht bei allen Menschen zu einer gewünschten Einstellungsänderung führt.

Jedoch lässt sich feststellen, dass der Prozess einer Einstellungsänderung bei jungen Erwachsenen zwischen 18-25 Jahren eher möglich ist als bei älteren Menschen, bei denen sich Überzeugungen meist stabilisiert haben (Koch & Orth, 2018, S. 88). Abschreckende Bilder auf Zigarettenpackungen sind bei jungen Erwachsenen daher effizienter und stellen eine Maßnahme der Prävention dar.

Es ist darauf zu schließen, dass die sinkenden Raucherzahlen nicht durch die furchteinflößenden Bilder erzielt werden.

Literaturverzeichnis

Andiel, S. (2017). *Entscheidungsfindung: Was Fredmund Malik zum Debattieren sagen würde.* Zugriff am 13.04.2020. Verfügbar unter: https://debate-consult.de/entscheidungsfindung-was-fredmund-malik-zum-debattieren-sagen-wuerde/.

Becker, B. (2014). *Studienbrief: Praxisfelder der Differentiellen und Persönlichkeitspsychologie* (1. Auflage). Riedlingen: SRH Fernhochschule.

Becker, E. (2011). *Angst.* Stuttgart & München: UTB / Reinhardt.

Bronisch, T. & Herpertz S. (2016). Persönlichkeitsstörungen. In HP. Kapfhammer, G. Laux & HJ. Möller (Hrsg.), *Psychiatrie, Psychosomatik, Psychotherapie* (S. 1-68). Berlin, Heidelberg: Springer.

Caspar, F., Pjanic, I. & Westermann, S. (2017). *Klinische Psychologie.* Wiesbaden: Springer.

DAK-Gesundheit (2016). *Mehrheit hält Zigaretten-Schockbilder für wirkungslos.* Zugriff am 28.03.2020. Verfügbar unter: https://www.dak.de/dak/bundesthemen/mehrheit-haelt-zigaretten-schockbilder-fuer-wirkungslos-2116296.html.

Denzler, M., Mayer, J. & Werth, L. (2020). *Sozialpsychologie - Das Individuum im sozialen Kontext.* Berlin, Heidelberg: Springer.

Deutsche Gesellschaft für Psychiatrie, Psychotherapie und Nervenheilkunde (2009). *S2 Praxisleitlinien in Psychiatrie und Psychotherapie. Behandlungslinien Persönlichkeitsstörungen* (Band 1). k.A.: Steinkopff Verlag.

Deutscher Bundestag (2017). *Wirksamkeit von bildlichen Warnhinweisen auf Zigarettenpackungen.* Zugriff am 24.03.2020. Verfügbar unter: https://www.bundestag.de/resource/blob/511122/8ae51b807ef2d0ebd58e4f4747c4bee7/wd-5-024-17-pdf-data.pdf.

Deutsches Ärzteblatt (2018). *Anzahl durch Rauchen bedingte Krebsneuerkrankungen in Deutschland nach Lokalisation und Geschlecht im Jahr 2018.* Zugriff am 24.03.2020. Verfügbar unter: https://de.statista.com/statistik/daten/studie/915850/umfrage/durch-rauchen-bedingte-krebsneuerkrankungen-nach-lokalisation-und-geschlecht/.

Focus (2011). *Bevölkerungsanteil mit Angststörungen.* Zugriff am 28.03.2020. verfügbar unter: https://de.statista.com/statistik/daten/studie/182616/umfrage/haeufigkeit-von-angststoerungen/.

Fritsche, I. & Kessler, T. (2018). *Sozialpsychologie*. Wiesbaden: Springer.

Gesundheit Österreich (2020). *Persönlichkeitsstörungen: Diagnose & Therapie*. Zugriff am 31.03.2020. Verfügbar unter: https://www.gesundheit.gv.at/krankheiten/psyche/persoenlichkeitsstoerung/diagnose-therapie.

Helmholtz Zentrum München (2009). *Aufschlüsselung der Krankheitskosten durch Rauchen nach Krankheiten im Jahr 2003 in Deutschland*. Zugriff am 24.03.2020. Verfügbar unter: https://de.statista.com/statistik/daten/studie/37828/umfrage/aufschluesselung-der-krankheitskosten-durch-rauchen/.

Hewstone, M. & Martin, R. (2014). Sozialer Einfluss. In K. Jonas, W. Stroebe & M. Hewstone (Hrsg.), *Sozialpsychologie* (S. 269-313). Berlin, Heidelberg: Springer.

I care (2015). *Krankheitslehre*. Stuttgart: Thieme.

Kiszkenow-Bäker, S. & Sachse, R. (2016). Zwanghafte Persönlichkeitsstörung. In T. Schnell (Hrsg.), *Praxisbuch: Moderne Psychotherapie* (S. 123-137). Berlin, Heidelberg: Springer.

Koch, A. & Orth, H. (2018). *Studienbrief: Sozialpsychologie* (2. Auflage). Riedlingen: SRH Fernhochschule.

Koch, LJ., Prölß, A. & Schnell, T. (2019). *Psychische Störungsbilder*. Berlin, Heidelberg: Springer.

Lambert, M. (k.A.). *Vorlesung: Diagnostik und Therapie der Persönlichkeitsstörungen (ICD-10: F6)*. Hamburg: Klinik und Poliklinik für Psychiatrie und Psychotherapie Zentrum Psychosoziale Medizin Universitätsklinikum Hamburg-Eppendorf.

Lang, T. & Petermann, F. (2009). Angststörungen. *Zeitschrift für Psychiatrie, Psychologie und Psychotherapie, 57*, S. 147-148.

Neukom, M. (2016). Angst – Bedingung des Mensch-Seins. In EM. Lewkowicz & B. West-Leuer (Hrsg.), *Führung und Gefühl* (S. 67-79). Berlin, Heidelberg: Springer.

PAWLIK Consultants GmbH (2016). *Wie Sie die richtigen Entscheidungen zur richtigen Zeit treffen*. Zugriff am 13.04.2020. Verfügbar unter: https://www.pawlik.de/entscheidungen-treffen/.

Statistisches Bundesamt (2020). *Durchschnittlicher Verbrauch von (versteuerten) Zigaretten pro Tag in Deutschland in den Jahren 1991 bis 2019*. Zugriff am 24.03.2020. Verfügbar unter:

https://de.statista.com/statistik/daten/studie/182391/umfrage/zigarettenkonsum-pro-tag-in-deutschland/.

Universität Trier (2002). *Das deutschsprachige State-Trait Angst Inventar.* Zugriff am 30.03.2020. Verfügbar unter: http://jan.seifseit.de/skripte/originale/Das%20deutschsprachige%20State-Trait%20Angst%20Inventar.pdf.

Voderholzer, U. (2011). Zwangsstörung. *Nervenarzt, 82,* S. 271-272.

World Health Organization (2015). *Anzahl der Fälle von depressiven Erkrankungen und Angststörungen weltweit nach WHO-Region im Jahr 2015 (in Millionen).* Zugriff am 28.03.2020. Verfügbar unter: https://de.statista.com/statistik/studie/id/69108/dokument/mentale-gesundheit-weltweit/.

World Health Organization (2019). *WHO global report on trends in prevalence of tobacco use 2000-2025. Third edition.* Zugriff am 24.03.2020. Verfügbar unter: https://de.statista.com/statistik/studie/id/69457/dokument/praevalenzraten-zum-tabakkonsum-nach-laendern-2019/.

Abbildungsverzeichnis

BEI GRIN MACHT SICH IHR WISSEN BEZAHLT

- Wir veröffentlichen Ihre Hausarbeit,
  Bachelor- und Masterarbeit

- Ihr eigenes eBook und Buch -
  weltweit in allen wichtigen Shops

- Verdienen Sie an jedem Verkauf

Jetzt bei www.GRIN.com hochladen
und kostenlos publizieren